www.kidkiddos.com
Copyright ©2019 by KidKiddos Books Ltd.
support@kidkiddos.com

All rights reserved. No part of this book may be reproduced in any form or by any electronic or mechanical means, including information storage and retrieval systems, without written permission from the publisher, except in the case of a reviewer, who may quote brief passages embodied in critical articles or in a review.
First edition, 2020

Translated from English by Sophie Troff
Traduit de l'anglais par Sophie Troff
French editing by Laëtitia Eliezer
Révision en français par Laëtitia Eliezer

Library and Archives Canada Cataloguing in Publication
I Love Autumn (French English Bilingual Edition)/ Shelley Admont
ISBN: 978-1-5259-2567-2 paperback
ISBN: 978-1-5259-2568-9 hardcover
ISBN: 978-1-5259-2566-5-8 eBook

Please note that the French and English versions of the story have been written to be as close as possible. However, in some cases they differ in order to accommodate nuances and fluidity of each language.

Jimmy, le petit lapin, était assis au bord de la rivière.
Jimmy, the little bunny, was sitting beside the river.

C'était un après-midi d'automne et la nature autour de lui se parait d'orange, sa couleur préférée.
It was an autumn afternoon and everything around him was dressed in orange, his favorite color.

Il aimait les carottes orange, les couchers de soleil orange et les belles feuilles orange.
He loved orange carrots, the orange sunsets and the beautiful orange leaves.

– Viens, Jimmy, l'appela son frère aîné. On va jeter des feuilles dans la rivière et voir laquelle ira la plus vite !
"Come, Jimmy," called his oldest brother, "let's throw leaves into the river and see whose leaf will move faster!"

– Quelle feuille choisis-tu ? demanda son frère cadet.

"What leaf do you choose?" asked his middle brother.

– Je vais prendre la grande qui est orange, dit Jimmy en ramassant la feuille par terre.

"I'll take this big orange one," said Jimmy, picking up the leaf from the ground.

– La mienne sera rouge, ajouta son frère aîné en prenant une feuille rouge vif.

"Mine will be red," added his oldest brother and took a bright red leaf.

Le frère cadet regarda autour de lui et ramassa une feuille d'une jolie couleur. Elle était jaune, rouge et marron.

The middle brother looked around and picked up a beautifully-colored leaf. It was yellow, red and brown.

– Un, deux, trois… lancez ! s'écria le frère aîné et les trois petits lapins jetèrent leur feuille dans l'eau.

"One, two, three … throw!" yelled the oldest brother and all three bunnies threw their leaves into the water.

Les feuilles descendirent lentement la rivière, tandis que les frères, heureux, les suivaient le long de la berge.

The leaves floated slowly down the river, while the happy brothers chased them along the riverbank.

– Maintenant, faisons un énorme tas de feuilles, suggéra le frère aîné.

"Now let's make a huge pile of leaves," suggested the oldest brother.

– Et on sautera dessus ! s'exclama joyeusement Jimmy.

"And then jump in it!" exclaimed Jimmy happily.

Oui, il aimait l'automne plus que toute autre saison. Il y avait tellement de choses amusantes à faire.

Yes, he loved autumn more than any other season. There were just so many fun things to do.

Ils se mirent à entasser les feuilles. Le frère aîné apporta des feuilles rouges, et le frère cadet ajouta des feuilles jaunes.

They started to pile up leaves. The oldest brother brought a few red leaves and the middle brother added yellow ones.

Jimmy ramassa toutes les feuilles orange qu'il pouvait trouver et les posa sur le haut du tas.

Jimmy picked up all the orange leaves he could find and put them on top of the pile.

– Un, deux, trois… sautez ! s'écria le frère aîné et les trois petits lapins sautèrent sur le tas.
"One, two, three … jump!" yelled the oldest brother and the three bunnies hopped into the pile.

Ils se roulèrent dans les feuilles et les lancèrent en l'air.
They rolled through the leaves and threw them up in the air.

Toutes les feuilles orange, jaunes et rouges volèrent partout.
All the orange, yellow and red leaves flew all over the place.

– J'adore l'odeur des feuilles, sourit Jimmy en s'enfonçant plus profondément dans le tas.
"I love the smell of the leaves," smiled Jimmy, sinking deeper into the pile.

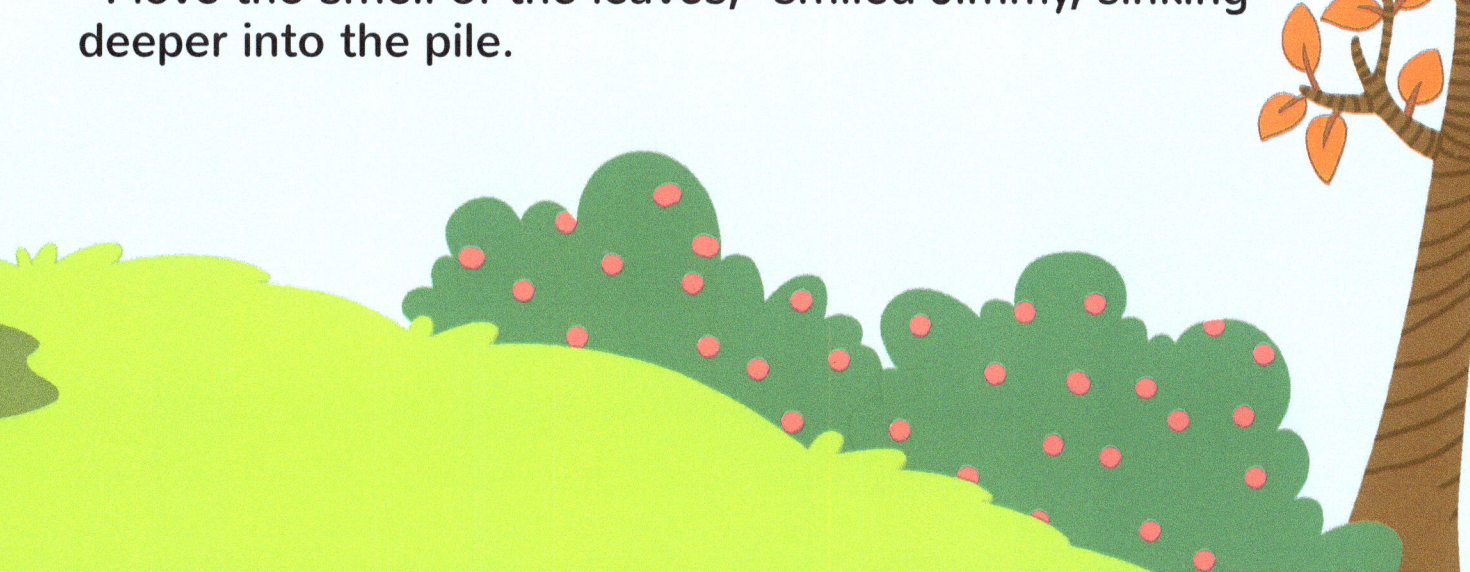

Soudain, le ciel s'assombrit. Une grosse goutte atterrit sur le front de Jimmy.

Suddenly it became dark. A big drop landed on Jimmy's forehead.

*Le frère aîné regarda le ciel.
– On ferait mieux de rentrer avant d'être trempés, dit-il.*

The oldest brother looked up at the sky. "We'd better get home before we get wet," he said.

– Un, deux, trois… courez ! cria-t-il et les frères se mirent à cavaler vers la maison.

"One, two, three … run!" he yelled, and the brothers started racing towards home.

Jimmy courait lui aussi, mais il s'arrêta quand il vit les feuilles colorées sur le sol. Il se mit à les ramasser.

Jimmy began running too, but stopped when he saw some colorful leaves on the ground. He started to pick them up.

– Allons-y, Jimmy ! Il pleut ! Qu'est-ce que tu fais là ? demanda le frère aîné.

"Let's go, Jimmy ! It's raining! What are you doing there?" asked the oldest brother.

– Je ramasse des jolies feuilles pour maman, répondit Jimmy. J'arrive.

"I'm just picking some beautiful leaves for Mom," answered Jimmy. "I'm coming."

Au moment où les deux grands frères se précipitèrent dans la maison, une grosse pluie se mit à tomber. Jimmy était encore dehors, en train de ramasser des feuilles.

Just as the two oldest brothers ran into the house, heavy rain began pouring down. Jimmy was behind, still picking up leaves.

Il était trempé du bout des oreilles au bout des orteils. Même sa petite queue était mouillée, mais ça ne le dérangeait pas.

He got wet from the tips of his ears to the bottom of his toes. Even his little tail got wet, but it didn't bother him.

Il avait de jolies feuilles pour maman plein les mains et ça le rendait heureux.

He had lovely leaves for Mom in his hands, and that made him happy.

– Maman ! Maman ! s'écria-t-il excité en entrant dans la maison.

"Mommy ! Mommy !" he yelled with excitement as he ran into the house.

Maman était assise sur le canapé du salon.

Mom was sitting on the couch in the living room.

– Elles sont pour toi ! s'exclama Jimmy en sautillant dans la pièce, laissant des flaques d'eau sur le sol.

"These are for you!" Jimmy exclaimed, jumping through the room and leaving puddles on the floor.

– *Oh, mon chéri ! Merci ! Elles sont très jolies, dit maman.*
"Oh, my sweetie! Thank you! They are so pretty," said Mom.

– *Mais tu n'as pas froid, Jimmy ? Regarde tes oreilles, elles sont toutes mouillées, et ta queue aussi !*

"But aren't you cold, Jimmy? Look at your ears, they are all wet, and your tail too!"

– *Je n'ai pas… atchoum ! éternua bruyamment Jimmy.*

"I'm not … achoo!" Jimmy sneezed loudly.

– *À tes souhaits ! dit maman. Je pense que tu devrais enlever tes vêtements mouillés et enfiler ce pull chaud orange que j'ai tricoté pour toi. Les soirées sont fraîches maintenant.*

"Bless you!" said Mom. "I think you should change out of your wet clothes and put on this warm orange sweater I knitted for you. The evenings are becoming chilly now."

Jimmy enfila son nouveau pull orange. Son frère cadet reçut un nouveau pull vert et son frère aîné un pull bleu.

Jimmy put on his new orange sweater. His middle brother got a new green sweater and his oldest brother got a blue one.

Bientôt, toute la famille se rassembla au salon et regarda la pluie tomber par la grande fenêtre.

Soon all the family gathered in the living room, looking at the rain through the large window.

– C'est trop triste, dit Jimmy en voyant les feuilles mouillées virevolter au vent. Maintenant, on ne peut plus jouer dehors. Qu'est-ce qu'on va faire ?

"It's so sad," said Jimmy, watching the wet leaves blowing in the wind. "Now we can't play outside. What are we going to do?"

– On peut faire une délicieuse tarte aux pommes ensemble, proposa maman.

"We can make a delicious apple pie together," suggested Mom.

– Ou on peut lire un livre, ajouta papa.

"Or we can read a book," added Dad.

– Je préférerais faire un puzzle, dit le frère cadet.

"I would rather do a puzzle," said the middle brother.

Le frère aîné réfléchit un moment.
– Et si on faisait tout ça ? s'exclama-t-il.

The oldest brother thought for a moment. "What if we do all those things?" he exclaimed.

– C'est une idée merveilleuse, dit maman en hochant la tête. Commençons par la tarte aux pommes. Je vais prendre mon livre de recettes.

"That's a wonderful idea," said Mom nodding. "Let's start with an apple pie. I'll bring my recipe book."

Ils se mirent tous au travail. Maman et papa coupèrent de grosses pommes rouges et les frères mélangèrent la farine et le beurre.

They all got to work. Mom and Dad cut up big red apples and the brothers mixed flour and butter.

– Qu'est-ce qu'on s'amuse ! dit Jimmy, en mélangeant les ingrédients de la pâte dans un grand bol.

"This is so much fun!" said Jimmy, mixing the crust ingredients in the large bowl.

– Et quand elle sera prête, elle sera délicieuse, dit maman en mettant la tarte au four.

"And once it's ready, it will be so delicious," said Mom and put the pie into the oven.

– Pendant qu'elle cuit, je pourrais vous lire un livre, dit papa.

"While it's baking, I could read you all a book," said Dad.

Il s'installa sur le canapé avec ses fils et un grand livre coloré.

He settled on the couch with his sons and a large colorful book.

– Et après ça, on pourra faire un puzzle, ajouta le frère cadet.

"And after this, we could do a puzzle," added the middle brother.

Le soir venu, les trois frères se mirent au lit et maman vint les embrasser pour leur souhaiter bonne nuit.

When evening came, the brothers got into their beds and Mom came to give them a goodnight kiss.

– C'était une journée géniale, dit Jimmy tandis que sa maman le bordait. J'adore l'automne.

"It was a great day," said Jimmy as Mom covered him with his blanket. "I love autumn."

Il bâilla, ferma les yeux et s'endormit vite, pour se réveiller bientôt dans un nouveau jour orange.

He yawned, closed his eyes and quickly fell asleep, soon to wake up to another orange day.

www.ingramcontent.com/pod-product-compliance
Lightning Source LLC
Chambersburg PA
CBHW061138070526
44584CB00033B/4355